AF240252

DISCOURS

PRONONCÉ

Par le Président de L'ADMINISTRATION

CENTRALE *du Département de*

L'ESCAUT,

LE JOUR DE LA

FÊTE DE LA RÉUNION

DE LA

BELGIQUE A LA FRANCE,

Célébrée à GAND, *Chef-lieu du Département,*
le 9 Vendémiaire, 5me année de la République
Française,

A GAND, chez *A. B. Stéven,* Imprimeur du
Département, Marché aux Grains.

DISCOURS

PRONONCÉ

Par le Président de l'Administration Centrale du Département de L'ESCAUT, *le jour de fête de Réunion de la* BELGIQUE *à la* FRANCE, *célébrée à Gand, Chef-lieu du Département, le 9 Vendémiaire, 5me année de la République Française.*

L A fête que nous célébrons aujourd'hui, Citoyens, doit nous rappeler cette époque à jamais mémorable où la *Convention Nationale*, daigna nous associer à la gloire et à la prospérité de la République. Il était conforme aux principes de justice, dont une Nation généreuse était pénétrée, de tendre une main fraternelle à un peuple qu'elle croiait digne de la Liberté. Plusieurs fois le sort mit à l'épreuve votre constance, et cette Liberté si chérie, comme une ombre échapait sans cesse à vos efforts. Si nous portons en arrière nos regards, sur ces temps malheureux où tout pliait sous le joug du despotisme, un sentiment pénible nous affecte; l'inquiétude et la délation étaient semées sous nos pas : un souverain tout à la fois avare et ambitieux convoitait nos dépouilles. Des réformes s'opérèrent, et la richesse du Clergé tenta sa cupidité ; alors une lutte sanglante s'eñgagea, **et après** quelques combats, il fut expulsé par le peuple, secondé par deux factions encore puissantes: vous voulûtes alors ressaisir cette Liberté, qui autrefois fût l'idole de vos Pères. Bientôt vous vous détrompâtes; vous ne vîtes dans ces soi-disans défenseurs de vos droits, que des oppresseurs, et un despotisme plus terrible encore planait déjà sur vos têtes. Vous abandonnâtes enfin une cause indigne de vous, et bientôt le despote reconquit ses Provinces, et ajourna sa haine et sa vengeance, à un temps plus propice; il méditait alors de nouveaux attentats; le partage des plus beaux Départemens de la République était résolu dans son Cabinet, et il provoqua cette guerre horrible par les procédés les plus hostilles. Les trahisons de quelques Chefs, lui procurèrent quelques succès éphéméres; le génie de la Liberté qui veillait au salut de la France, eût bientôt rejetté hors de son sein cette horde impure; elle alla cacher dans les forêts de la Germanie sa honte et sa défaite. Le vainqueur tournant d'un pas rapide ses bataillons vers la Belgique, décida le sort de cette contrée dans les champs de Jemappes: elle vint vers nous cette Nation généreuse non comme un vainqueur implacable; mais en nous présentant l'Olivier de la Paix, elle nous promit protection et fraternité. Un cri simultané de liberté se fit entendre alors dans toutes les Communes de ce Département.

des Députés exprimèrent avec énergie à la barre de la *Convention Nationale*, le désir bien prononcé de la majorité du Peuple Belge, de réunir sa destinée à celle de la République française; son attente ne fût point trompée, la réunion ainsi que les Lois fondamentales de la République furent proclamées; déjà le succès avait couronné les premiers efforts des Commissaires du Gouvernement, et le peuple était au moment de voir disparaître cette foule de Lois aussi indigestes qu'absurdes, quand tout-à-coup la défection d'un Général perfide, plongea pour un moment la France dans le deuil et la consternation. L'évacuation soudaine de la Belgique, nous remit de nouveau sous le joug de notre ancien despote; les bataillons nombreux de la coalition, inondèrent nos belles campagnes; une classe d'hommes pervers que la République a rejettés hors de son sein, souilla notre territoire, et nous dévorâmes en silence et en gémissant, les imprécations lancées contre la plus sainte des causes. Des revers momentanés affligèrent les amis de la République; mais aucun ne désesperait de son salut, convaincu, qu'une opinion fortement prononcée pour la Liberté, renverserait tous les efforts de la coalition. Au cri de la Patrie en danger, des bataillons nombreux se rangèrent sous les drapeaux de la République; et bientôt la victoire s'organisa sous les auspices de Généraux aussi habiles qu'intrépides; le vaste plan de partage enfanté par les Rois coalisés dans le silence du Cabinet disparût comme un songe.

Une consternation générale se répandit parmi les rangs des ennemis; à peine se crûrent-ils en sûreté, en dépassant ce fleuve majestueux, dont le cours tracé par la nature paroît être la ligne fixée de démarcation par elle entre la terre de la Liberté et celle du despotisme. Le courage et la constance des Républicains applanirent bientôt tous les obstacles. Franchir des mers de glace, conquérir des villes, où les ingénieurs les plus célèbres ont épuisé tout l'art de fortifier, fut l'affaire d'un instant, et l'Europe étonnée attendoit en silence l'issue de cette lutte sanglante. Un effort aussi extraordinaire exigeoit, que toutes les classes des Citoyens concourussent à solder les dépenses d'une guerre aussi cruelle et aussi injustement provoquée : les Représentans du Peuple en mission dans la Belgique, firent un appel aux Belges; ils s'empressèrent par des sacrifices de tout genre, à seconder les opérations des défenseurs de la Patrie. Des arrêtés basés sur les Lois fondamentales de la République, vous préparérent les voies de cette Réunion tant désirée et la *Convention Nationale* vous jugea dignes d'être associés à la gloire de la République Française. Le 9 Vendémiaire fût le jour heureux, où le titre glorieux de Citoyen Français vous fût conféré.

Par la promulgation de l'Acte constitutionnel, et des lois bienfaisantes de la République, vous vîtes disparoître successivement, toutes les émanations absurdes du code féodal et sacerdotal...... Ce tems n'est plus où un soi-disant seigneur, au décès d'un d'entre vous, vous enlevoit à titre de meilleur catel une vache, un cheval, ou quelque meuble précieux : aucun individu ne s'arrogera le droit de vous arracher le prix de votre travail, de vos sueurs : votre propriété est désormais à l'abri de toute atteinte. Des impositions justes et proportionnées aux facultés des contribuables, remplaceront cette masse d'impots de tout genre, dont la mémoire suffisoit à peine, pour en rappeller la nomenclature, un nouvel ordre de choses se prépare, qui ne peut que cimenter plus étroitement parmi vous, cet amour de la Liberté, et des Lois de la République Ce tems n'est plus, où l'homme riche, ou puissant, opprimait impunement la veuve ou l'orphelin ; ils cesseront de maudire leur existance au sanctuaire même de la justice ; d'autre lois justes et bienfaisantes, ont remplacé ce système oppresseur de l'ancien régime : des tribunaux sont partout en activité, les procès, les contestations, y sont décidés sans frais, et avec celerité : un rapporteur ne s'ingère plus par une logique insidieuse, à agraver le sort d'un individu prévenu d'un crime quelconque, des formes saintes lui garantissent tout à la fois sa Liberté et son existance, c'est en présence des Citoyens que l'innocent est acq utté, et que le coupable est puni; c'est à cette école de morale, que le Peuple s'instruit de ses devoirs, et qu'ils contracte cette horreur salutaire pour le crime. Ces institutions conservatrices de la Liberté et de l'existence des Citoyens, sont l'objet de l'admiration, et du respect, des ennemis les plus acharnés de la République. Des motifs aussi puissants vous font un devoir de chérir ces lois, si déjà quelque légers sacrifices, ont arraché des plaintes à quelques-uns d'entre vous, oublîrez-vous que le bonheur, que l'avantage de vous tous, vous impose impérieusement l'obligation, en votre qualité de Citoyens, d'Epoux, de Pères de famille, de transmettre intact à votre postérité le dépôt sacré de la Liberté? Regretteriez-vous encore quelques privations! la République vous dit » uu ennemi implacable, traînant à sa suite » tous les satellites du despotisme, se prepare à » envahir votre territoire; déjà le fer et la flam- » me en mains, il menace de violer vos domici- » les, et de porter au loin dans vos campagnes » la mort et la désolation. Un grand effort est » nécessaire: il est tems enfin de mettre un ter- » me à une guerre aussi cruelle, qui depuis trop » longtemps désole l'Europe; ébranlons s'il le » faut le trône chancellant de ces despotes cruels » et ambitieux; il est juste, que dans une cir-

» constance aussi majeure, vous secondiez le
» Gouvernement ; une paix stable et glorieuse
» sera le fruit de votre soumission aux Lois ;
» vous ne pouvez que paralyser ses moyens d'exé-
» cution, en refusant d'acquitter, ce léger tri-
» but dont le salut de la Patrie vous fait un dé-
» voir. « Eh ! quel est ce sacrifice, Citoyens,
qu'on exige de vous pour consolider à jamais votre bonheur ? c'est une avance, une petite partie
de votre superflu, dont il vous sera tenu compte
sur la masse totale des impositions : le Corps Lé-
gislatif, portant un respect scrupuleux au droit
de propriété, a déclaré remboursables des capi-
taux, qui sous tout autre Gouvernement, au-
raient été envisagés comme une simple contribu-
tion de guerre ; c'est dans un moment que tous
les efforts se réunissent, afin de dissoudre le reste
d'une coalition expirante ; c'est dans un moment,
que tous les ressorts du Gouvernement sont ten-
dus par l'effet de la guerre, que tant de générosi-
sité éclate... Vous hommes ! pétris d'orgueil, et
d'ambition, qui ne cessez de préconiser la pré-
tendue justice et humanité, d'un Roi, qui doit faire
revivre en votre faveur, le système injuste et
inique de la féodalité, vous ! qui au moindre revers qu'épouvent les armées de la République,
laissez éclater scandaleusement votre joie, votre
satisfaction, est-ce parmi les actes arbitraires de
votre despote chéri, que vous trouverez ces

principes de justice? jettez les yeux vers le malheureux pays qu'il gouverne, vous y verrez un
peuple écrasé sous le poids des contributions,
avili par l'arrogance des nobles, arraché de force
de ses foyers, et combattant pour river plus étroitement ses propres chaînes; un peuple enfin as-
similé à un troupeau de bêtes de somme. Jamais
son ame ne fût enflammée de cet enthousiasme de
Liberté, qui conduit les pas du Républicain
dans la carrière de la gloire.

Il est possible que quelques privilégiés, que
quelques hommes engraissés de la substance la
plus pure du peuple, gémissent en silence de
l'établissement d'un ordre de choses, fondé sur
des lois justes: il est possible même que quelques
hommes simples, ayent été égarés par des so-
phismes, par des vociférations liberticides: la
saine raison vous dicte alors, de peser mûrement
tout ce qui peut intéresser aussi intimement votre
bonheur, et la conviction doit bientôt amener
un résultat qui ne peut être douteux: un homme
jouit-il d'un privilège à l'exclusion de ses
Concitoyens? enlève-t-il dans vos champs le plus
pur de vos récoltes? vous soumet-il, à des
droits qui font gémir la nature? Il commet alors
un attentat contre la société entière; il devient
son oppresseur. Il est disparu enfin ce régime
atroce; le Décret du 9 Vendémiaire vous a
rendu à vos droits; ils sont désormais à l'abri

des atteintes de ces hommes avides et ambitieux.
Ralliez-vous tous autour de l'acte constitutionnel;
la raison, la conviction, ainsi que votre intérêt
personel, vous en font un devoir : n'ayons tous
qu'un même but, marchons de front vers le ter-
me auquel nous allons atteindre, il sera le prix
de notre constance, et de quelques privations;
que la fraternité la plus intime existe parmi
nous; que les dénominations odieuses, dont
des royalistes forcénés se sont emparés, afin
de jetter parmi nous des brandons de la discor-
de, vous soyent désormais inconnues. La vertu
seule doit être l'apanage du Républicain.
Vous ne pouvez vous méprendre, Citoyens, au
caractère qui le distingue. Est-il un être bien-
faisant et humain? est-il soumis aux lois? est-il
enfin bon Epoux, bon Père, bon Ami? a coup
sûr il chérit aussi sa Patrie, et la Nature bien-
faisante a placé dans son cœur la récompense
de tant de vertus....

Vous, Citoyens! appellés par la République
à des fonctions augustes, vous! qui concourez avec
nous, à l'exécution de la Loi, la Justice, alliée
à la fermeté, doivent être le mobile de toutes vos
actions : loin de moi cette idée, que l'intérêt
personnel pourrait un moment attiédir votre zèle;
vous déployerez tous vos moyens pour concourir
à conduire à bon port le vaisseau de l'état :

l'Union et la Confiance , existeront toujours parmi nous ; nous respecterons toujours cette hièrarchir des pouvoirs, que l'Acte constitutionnel nons retrace ; nous ne connaîtrons tous , qu'une seule rivalité , c'est celle de surveiller ponctuellement l'exécution de la Loi ; encore un moment de constance , et votre ouvrage est consommé. Qu'il sera glorieux pour vous, de vous rappeller sans cesse, que par votre courage, par votre zèle, la Patrie jouit enfin de la félicité et du bonheur : la Reconnaissance nationale vous suivra jusqu'à dans le tombeau. L'anniversaire du jour solemnel que nous célébrons aujourd'hui , doit encore nous affermir dans ces principes : ne formons désormais qu'un faisceau inébranlable , et prouvons à l'Europe entiére, que les Belges sont dignes de la Liberté.

VIVE LA RÉPUBLIQUE!